ÇÃO

Em nome do Pai, do Filho e do Espírito Santo. Amém.

Rezar a Via-Sacra é acompanhar Jesus em seu caminho de sofrimento e de entrega total pela salvação da humanidade. Percorrendo com Jesus o "caminho da Cruz", perceberemos a intensidade de nosso pecado e o amor infinito e misericordioso de Deus por nós. Rezemos com o profeta: "Todos parecemos coisa imunda. [...] Murchamos todos nós como folhas secas, como vento, nossos pecados nos arrastam" (Is 64,5). "Mas, agora, Senhor, tu és nosso pai! Nós somos o barro, tu és o oleiro! Somos, todos nós, trabalho de tuas mãos" (Is 64,7).

Percorramos o "caminho da cruz" de Jesus acompanhados por nossos irmãos e irmãs, companheiros de nossas jornadas de lutas e alegrias. Deixemo-nos também guiar pelas mãos da Virgem Maria, que foi a primeira pessoa a sentir as dores da Paixão de Jesus, assumindo a missão de ser a Mãe do Salvador.

Primeira estação

JESUS É CONDENADO À MORTE

DIRIGENTE: Nós vos adoramos, Senhor Jesus Cristo, e vos bendizemos.

TODOS: Porque pela vossa santa cruz remistes o mundo.

LEITOR 1: "Pilatos tornou a perguntar: 'Que quereis que eu faça, então, com o Rei dos Judeus?'. Eles gritaram: 'Crucifica-o!'. Pilatos lhes disse: 'Que mal fez ele?'. Eles, porém, gritaram com mais força: 'Crucifica-o'. Pilatos, querendo satisfazer a multidão, soltou Barrabás, mandou açoitar Jesus e entregou-o para ser crucificado" (Mc 15,12-15).

REFLEXÃO

LEITOR 2: Jesus entrou para a história de nossos pecados, deixou-se agredir por eles, foi condenado. Sabemos bem o que significa uma condenação. Todos os dias assistimos a condenações de culpados e inocentes! Como o homem pode condenar seu semelhante? Quem é ele para atirar pedras em seus irmãos? Jesus aceitou a condenação em silêncio. Ele veio para nos salvar, não para julgar e condenar. Ele aceitou a condenação para nos remir de nossos

Maria Belém, fsp

VIA-SACRA

Paulinas

Dados Internacionais de Catalogação na Publicação (CIP)
(Câmara Brasileira do Livro, SP, Brasil)

Belém, Maria
    Via-Sacra / Maria Belém. – 4. ed. – São Paulo : Paulinas, 2012.

    Bibliografia.
    ISBN 978-85-356-3082-4

    1. Via-Sacra   2. Via-Sacra – Meditações.   I. Título

12-02427   CDD-232.96

Índice para catálogo sistemático:

1. Via-Sacra : Meditações : Cristianismo   232.96

Citações bíblicas: *Bíblia Sagrada*. Tradução da CNBB. 2. ed., 2002.

4ª edição – 2012 / 7ª reimpressão – 2023

Direção-geral: *Flávia Reginatto*
Editora responsável: *Luzia Sena*
Assistente de edição: *Andréia Schweitzer*
Copidesque: *Leonilda Menossi*
Coordenação: *Marina Mendonça*
Revisão: *Alessandra Biral*
Direção de arte: *Irma Cipriani*
Gerente de produção: *Felício Calegaro Neto*
Capa e produção de arte: *Renata Meira Santos*
Imagem de capa: *V. Caruso*

*Nenhuma parte desta obra poderá ser reproduzida ou transmitida
por qualquer forma e/ou quaisquer meios (eletrônico ou mecânico,
incluindo fotocópia e gravação) ou arquivada em qualquer sistema ou
banco de dados sem permissão escrita da Editora. Direitos reservados.*

Paulinas
Rua Dona Inácia Uchoa, 62
04110-020 – São Paulo – SP (Brasil)
Tel.: (11) 2125-3500
http://www.paulinas.com.br
editora@paulinas.com.br
Telemarketing e SAC: 0800-7010081

© Pia Sociedade Filhas de São Paulo – São Paulo, 2007

maus julgamentos e das condenações que fazemos ao próximo. Ele nos purifica de nossos rancores e ressentimentos.

ORAÇÃO

Todos: Senhor, ajudai-nos a alimentar, em nosso coração, sentimentos de perdão e clemência em vez de ira e rancor. Ensinai-nos a sofrer, se for preciso, injustiças por vosso amor, antes de condenar os inocentes, os pobres, os pequenos e os fracos. Dai-nos um coração generoso e solidário, que saiba partilhar o dom da fé e do amor que vem de vós. Amém.

Pai nosso que estais no céu...

CANTO

A morrer crucificado,
teu Jesus é condenado,
por teus crimes, pecador,
por teus crimes, pecador!

Pela Virgem dolorosa,
vossa Mãe tão piedosa,
perdoai-me, bom Jesus!
Perdoai-me, bom Jesus!

Segunda estação

JESUS CARREGA A CRUZ

DIRIGENTE: Nós vos adoramos, Senhor Jesus Cristo, e vos bendizemos.

TODOS: Porque pela vossa santa cruz remistes o mundo.

LEITOR 1: "Carregando a sua cruz, Jesus saiu para o lugar chamado Calvário (em hebraico: Gólgota). Lá, eles o crucificaram com outros dois, um de cada lado, ficando Jesus no meio. Pilatos tinha mandado escrever e afixar na cruz um letreiro; estava escrito assim: 'Jesus de Nazaré, o Rei dos Judeus'" (Jo 19,17-19).

REFLEXÃO

LEITOR 2: Reflitamos nas palavras de João Paulo II sobre a cruz, proferidas em 14 de setembro de 2003, na Eslováquia: "A cruz é o lugar privilegiado em que se revela e manifesta o amor de Deus. Na cruz se encontram a miséria do homem e a misericórdia de Deus. Adorar essa misericórdia sem limites é o único caminho para o homem abrir-se ao mistério que a cruz revela. A cruz está plantada na terra e parece fundir suas raízes com a maldade humana, mas projeta-se para o alto, apontando para o céu, assinalando a bondade de Deus. Por meio da cruz de Cristo, o maligno foi vencido; a morte foi derrotada; foi-nos

transmitida a vida, a esperança; foi-nos comunicada a luz. Ó cruz, esperança única".

Oração

Todos: Senhor Jesus, que por amor e misericórdia tomastes sobre os ombros a cruz da condenação à morte, dai-nos forças para assumirmos os sofrimentos e as dificuldades que nossa condição humana nos apresenta. Concedei-nos também ser solidários às cruzes de tantos irmãos e irmãs, que por vezes são castigados pela falta de uma educação adequada, de oportunidades melhores na vida ou ainda pelas injustiças sociais reinantes em nosso mundo. Amém.

Pai nosso que estais no céu...

Canto

Com a cruz é carregado,
pelo peso esmagado.
Vai morrer por teu amor,
vai morrer por teu amor!

Pela Virgem dolorosa,
vossa Mãe tão piedosa,
perdoai-me, bom Jesus!
Perdoai-me, bom Jesus!

Terceira estação

JESUS CAI PELA PRIMEIRA VEZ

DIRIGENTE: Nós vos adoramos, Senhor Jesus Cristo, e vos bendizemos.

TODOS: Porque pela vossa santa cruz remistes o mundo.

LEITOR 1: "Mas estava sendo traspassado por causa de nossas rebeldias, estava sendo esmagado por nossos pecados. O castigo que teríamos de pagar caiu sobre ele, com os seus ferimentos veio a cura para nós. Como ovelhas estávamos todos perdidos, cada qual ia em frente por seu caminho. Foi então que o Senhor fez cair sobre ele o peso dos pecados de todos nós" (Is 53,5-6).

REFLEXÃO

LEITOR 2: Enfraquecido pela flagelação, coroação de espinhos e outros sofrimentos, Jesus caiu sob o peso da cruz. Caiu por nosso amor. Caiu para nos mostrar que o pecado pesa e rebaixa o ser humano. Porém, ele nos diz também que não devemos nos curvar nem desanimar diante de nossas quedas, nem diante da fragilidade de nosso próximo, mas confiantes na força que vem de Deus e de Jesus crucificado, seguir com coragem o nosso caminho de cristãos.

ORAÇÃO

Todos: Jesus, vós que, por nosso amor, caístes no caminho do Calvário, concedei-nos a graça de não perder em nossa vida o sentido do pecado e de suas consequências, mas termos sempre um coração arrependido do mal que cometemos e confiar plenamente em vossa misericórdia infinita. Concedei-nos também ser solidários com nossos irmãos que caem, estendendo-lhes sempre nossa mão para ajudá-los a se levantar e prosseguir confiantes. Amém.

Pai nosso que estais no céu...

CANTO

Pela cruz tão oprimido,
cai Jesus desfalecido,
pela tua salvação,
pela tua salvação!

Pela Virgem dolorosa,
vossa Mãe tão piedosa,
perdoai-me, bom Jesus!
Perdoai-me, bom Jesus!

Quarta estação

JESUS ENCONTRA SUA MÃE

Dirigente: Nós vos adoramos, Senhor Jesus Cristo, e vos bendizemos.

Todos: Porque pela vossa santa cruz remistes o mundo.

Leitor 1: "Simeão os abençoou e disse a Maria, a mãe: 'Este menino será causa de queda e de reerguimento para muitos em Israel. Ele será um sinal de contradição – e a ti, uma espada traspassará tua alma! – e assim serão revelados os pensamentos de muitos corações'" (Lc 2,34-35).

REFLEXÃO

Leitor 2: A Mãe encontra o seu Filho. É uma das cenas mais comoventes que podemos imaginar. Maria contempla Jesus coberto de suor, sangue e poeira. O Filho contempla a mãe aflita, humilhada e chorosa. Nenhuma palavra, nenhuma ação. Seus olhares se cruzam. Seus corações estão unidos no mesmo sacrifício e na mesma oferta. Também nós somos convidados a contemplar e considerar o tamanho da dor que tomou conta do coração de Nossa Senhora vendo os sofrimentos de seu Filho!

ORAÇÃO

TODOS: Senhor Jesus, eu vos agradeço porque nos destes Maria Santíssima como Mãe. Do alto da cruz, nos confiastes a ela como filhos e lhe destes sabedoria, poder e amor, para que ela nos conduza a vós. Que toda a humanidade conheça, ame e invoque Maria! A vosso exemplo, Jesus, eu me coloco nas mãos dela, e com esta mãe quero estar agora, na hora de minha morte e na eternidade. Concedei-nos ainda, Jesus e Maria, a graça de sermos fortes quando a dor ou a morte visitarem nossas famílias ou nossos amigos. Amém.

Pai nosso que estais no céu...

CANTO

De Maria lacrimosa,
sua mãe tão dolorosa,
vê a imensa compaixão,
vê a imensa compaixão!

*Pela Virgem dolorosa,
vossa Mãe tão piedosa,
perdoai-me, bom Jesus!
Perdoai-me, bom Jesus!*

Quinta estação

SIMÃO, O CIRENEU, AJUDA JESUS A CARREGAR A CRUZ

DIRIGENTE: Nós vos adoramos, Senhor Jesus Cristo, e vos bendizemos.

TODOS: Porque pela vossa santa cruz remistes o mundo.

LEITOR 1: "Depois de zombar dele, tiraram-lhe o manto vermelho e o vestiram com suas próprias roupas. Daí o levaram para crucificar. Ao saírem, encontraram um homem chamado Simão, que era de Cirene, e o obrigaram a carregar a cruz de Jesus" (Mt 27,31-32).

REFLEXÃO

LEITOR 2: Jesus sentia-se exausto. Como o caminho era árduo e longo, ele necessitava de ajuda para poder continuar. Eis que um homem de Cirene voltava de seu trabalho e parou impressionado com a cena daquele condenado. Os soldados obrigaram-no a carregar a cruz no lugar de Jesus, e o homem simples e trabalhador se prestou com generosidade a ajudar uma pessoa necessitada, sem saber que era o Filho de Deus.

Oração

Todos: Ó Senhor, a vossa cruz nos une a todos na fraternidade e no amor. Concedei-nos a graça de estarmos sempre disponíveis para ajudar a carregar a cruz que pesa sobre os ombros dos trabalhadores, dos idosos, das crianças e dos excluídos da sociedade. Que sejamos verdadeiros cireneus na vida de cada irmão e irmã necessitados. Amém.

Pai nosso que estais no céu...

Canto

Em extremo desmaiado,
deve auxílio, tão cansado,
receber do Cireneu,
receber do Cireneu!

Pela Virgem dolorosa,
vossa Mãe tão piedosa,
perdoai-me, bom Jesus!
Perdoai-me, bom Jesus!

Sexta estação

**VERÔNICA ENXUGA
O ROSTO DE JESUS**

Dirigente: Nós vos adoramos, Senhor Jesus Cristo, e vos bendizemos.

Todos: Porque pela vossa santa cruz remistes o mundo.

Leitor 1: "De tal forma ele já nem parecia gente, tanto havia perdido a aparência humana, que muitos se horrorizaram com ele" (Is 52,14). "Não fazia vista, nem tinha beleza a atrair o olhar, não tinha aparência que agradasse"(Is 53,2b).

Reflexão

Leitor 2: Quem teria coragem de se aproximar daquele homem que tinha o rosto ensanguentado e desfigurado? "Era indivíduo de quem a gente desvia o olhar..." (cf. Is 53,3). Houve, porém, uma mulher forte, corajosa e solidária que se aproximou de Jesus e com mãos delicadas e trêmulas enxugou-lhe o rosto sofredor com um pano. Nele ficou impressa aquela imagem que ao mesmo tempo mostrava o sofrimento, mas também o amor de Jesus por nós.

Oração

Todos: Ó Deus misericordioso, dai-nos a coragem de Verônica para que possamos, todos os dias, enxugar o rosto ensanguentado de Jesus na figura de nosso irmão maltrapilho, mendigo, doente e abandonado como um ser inútil para uma sociedade que só aprecia a beleza, o bem-estar e a riqueza material. Amém.

Pai nosso que estais no céu...

Canto

O seu rosto ensanguentado,
por Verônica enxugado,
eis no pano apareceu,
eis no pano apareceu!

Pela Virgem dolorosa,
vossa Mãe tão piedosa,
perdoai-me, bom Jesus!
Perdoai-me, bom Jesus!

Sétima estação

JESUS CAI PELA SEGUNDA VEZ

DIRIGENTE: Nós vos adoramos, Senhor Jesus Cristo, e vos bendizemos.

TODOS: Porque pela vossa santa cruz remistes o mundo.

LEITOR 1: "Era o mais desprezado e abandonado de todos, homem do sofrimento, experimentado na dor, indivíduo de quem a gente desvia o olhar, repelente, dele nem tomamos conhecimento. Eram na verdade os nossos sofrimentos que ele carregava, eram as nossas dores que levava às costas. E a gente achava que ele era um castigado, alguém por Deus ferido e massacrado" (Is 53,3-4).

REFLEXÃO

LEITOR 2: Nosso orgulho, nossa arrogância, nossas violências e injustiças pesaram sobre o corpo de Jesus, que caiu mais uma vez. Quanto progresso o homem conquistou, quanta riqueza acumulou! Mas sua falta de gratidão para com Deus o faz recair nas tentações, cometendo injustiças, o mal e o pecado. Recaídas que pesaram sobre os ombros do Salvador, que por nosso amor carregou uma pesada cruz.

Oração

Todos: Senhor Jesus, concedei-nos ser solidários com todos os nossos irmãos e irmãs crucificados nas cruzes das injustiças pessoais e sociais, da marginalidade, das discriminações de raça, religião, sexo ou posição social. Ensinai-nos a perdoar sempre, como Jesus perdoou os que o crucificaram. Tornai-nos capazes de oferecer, também nós, a nossa vida pela causa do Reino de Deus, para que o perdão e a paz reinem sobre a terra. Amém.

Pai nosso que estais no céu...

Canto

Sois por mim à cruz pregado,
insultado, blasfemado,
com cegueira e com furor,
com cegueira e com furor.

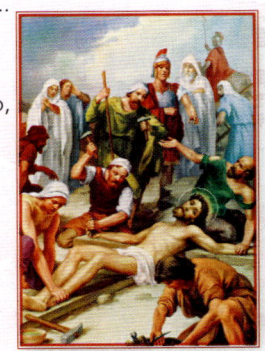

Pela Virgem dolorosa,
vossa Mãe tão piedosa,
perdoai-me, bom Jesus!
Perdoai-me, bom Jesus!

Décima segunda estação

JESUS MORRE NA CRUZ

DIRIGENTE: Nós vos adoramos, Senhor Jesus Cristo, e vos bendizemos.

TODOS: Porque pela vossa santa cruz remistes o mundo.

LEITOR 1: "Junto à cruz de Jesus estavam de pé sua mãe e a irmã de sua mãe, Maria de Cléofas, e Maria Madalena. Jesus, ao ver sua mãe e, ao lado dela, o discípulo que ele amava, disse à mãe: 'Mulher, eis o teu filho!'. Depois disse ao discípulo: 'Eis a tua mãe'" (Jo 19,25-27a). "Desde o meio-dia, uma escuridão cobriu toda a terra até as três horas da tarde. Pelas três da tarde, Jesus deu um forte grito: *'Eli, Eli, lamá sabactâni?'*, que quer dizer: 'Meu Deus, meu Deus, por que me abandonaste?'. Então Jesus deu outra vez um forte grito e entregou o espírito" (Mt 27,45-46.50).

REFLEXÃO

LEITOR 2: Jesus morreu sobre a cruz, as trevas encobriram a terra, a natureza se comoveu. Muitas pessoas também choraram, penitenciaram-se e pediram perdão aos céus. Outros, porém, continuaram insensíveis em seus caminhos de pecado, indiferença e ingratidão. Naquele momento extremo, Jesus ainda pensou em nós e deixou-nos Maria como mãe,

para que ela nos protegesse sempre e nos amparasse nas dificuldades e nos sofrimentos da vida.

Oração

Todos: Jesus, eu vos agradeço porque entregastes vossa vida por nós. O vosso sangue, as vossas chagas, os flagelos e os espinhos, a vossa cabeça inclinada dizem ao meu coração: "Ninguém tem amor maior do que aquele que dá a vida por seus amigos" (Jo 15,13). O pastor morreu para dar a vida às suas ovelhas. Eu também quero dar minha vida por vós! Que eu possa dizer sempre: "Seja feita a vossa vontade!". Que em meu coração cresça cada vez mais o amor por vós e por meu próximo. Amém.

Pai nosso que estais no céu...

Canto

Por meus crimes padecestes, meu Jesus, por mim morrestes, como é grande a minha dor, como é grande a minha dor.

Pela Virgem dolorosa, vossa Mãe tão piedosa, perdoai-me, bom Jesus! Perdoai-me, bom Jesus!

Décima terceira estação

JESUS É DESCIDO DA CRUZ E ENTREGUE A SUA MÃE

Dirigente: Nós vos adoramos, Senhor Jesus Cristo, e vos bendizemos.

Todos: Porque pela vossa santa cruz remistes o mundo.

Leitor 1: "Havia um homem bom e justo, chamado José, membro do sinédrio, o qual não tinha aprovado a decisão nem a ação dos outros membros. Ele era de Arimateia, uma cidade da Judeia, e esperava a vinda do Reino de Deus. José foi ter com Pilatos e pediu o corpo de Jesus. Desceu o corpo da cruz, enrolou-o num lençol e colocou-o num túmulo escavado na rocha, onde ninguém ainda tinha sido sepultado" (Lc 23,50-53).

Reflexão

Leitor 2: Maria recebeu em seus braços o corpo inerte de seu Filho. Uma espada de dor lhe atravessou o coração. Como Jesus, oferecido em sacrifício pelos nossos pecados, Maria também nos acolheu com extrema misericórdia e compaixão. Naquele corpo chagado e entregue à morte de cruz, Maria contemplou Jesus realizando a vontade do Pai, cumprindo até o fim sua missão de instaurar no mundo o Reino de Justiça, Vida e Paz.

Oração

Todos: Deus, Pai misericordioso, pelos sofrimentos e pela morte de Jesus, acolhei a vida dos pobres, dos missionários, dos agentes de pastoral e de todas as pessoas de boa vontade que lutam em favor da vida e para que os direitos dos mais fracos sejam respeitados. Concedei-nos, por meio da Senhora da Piedade, Mãe de vosso Filho, a graça de sermos cada dia mais comunicadores de paz e esperança, mesmo diante da morte. Olhai com bondade para todas as mães que sofrem por seus filhos condenados, doentes, drogados ou marginalizados. Que elas se sintam amparadas pela vossa ajuda divina. Amém.

Pai nosso que estais no céu...

Canto

Do madeiro vos tiraram,
e nos braços vos deixaram
de Maria, que aflição,
de Maria, que aflição.

*Pela Virgem dolorosa,
vossa Mãe tão piedosa,
perdoai-me, bom Jesus!
Perdoai-me, bom Jesus!*

Décima quarta estação

JESUS É SEPULTADO

Dirigente: Nós vos adoramos, Senhor Jesus Cristo, e vos bendizemos.

Todos: Porque pela vossa santa cruz remistes o mundo.

Leitor 1: "José, tomando o corpo, envolveu-o num lençol limpo e o colocou num túmulo novo, que mandara escavar na rocha. Em seguida, rolou uma grande pedra na entrada do túmulo e retirou-se" (Mt 27,59-60). "Era dia de preparação, e o sábado estava para começar. As mulheres que com Jesus vieram da Galileia acompanharam José e observaram o túmulo e o modo como o corpo ali era colocado" (Lc 23,54-55).

REFLEXÃO

Leitor 2: Jesus é o grão de trigo que caiu na terra e morreu. Por sua morte, a vida nos foi assegurada. Em seu corpo morto e sepultado, estava escondida a vitória sobre a morte, o pecado e a escravidão. Naquele túmulo frio, escuro e inerte, estava oculto o clarão que aquece os corações, a luz que a todos ilumina e a vida que, apesar da morte, floresce e brilha para sempre.

ORAÇÃO

TODOS: Ó Deus, Pai bondoso, ficai ao nosso lado quando tudo parece desmoronar e desaparecer em nossa vida; quando não vemos nenhuma luz brilhar em nosso caminho, mas só há trevas e silêncio. Senhor, dai-nos neste momento grande fé e muita paciência para sabermos esperar a hora da graça e da ressurreição. Concedei-nos a fé de Maria, a mãe de Jesus, que apesar dos sofrimentos confiou plenamente que seu Filho não permaneceria no sepulcro. Amém.

Pai nosso que estais no céu...

CANTO

No sepulcro vos puseram,
mas os homens tudo esperam
do mistério da Paixão,
do mistério da Paixão.

*Pela Virgem dolorosa,
vossa Mãe tão piedosa,
perdoai-me, bom Jesus!
Perdoai-me, bom Jesus!*

Décima quinta estação

A RESSURREIÇÃO DE JESUS

DIRIGENTE: Nós vos adoramos, Senhor Jesus Cristo, e vos bendizemos.

TODOS: Porque pela vossa santa cruz remistes o mundo.

LEITOR 1: "Por que estais procurando entre os mortos aquele que está vivo? Não está aqui. Ressuscitou! Lembrai-vos do que ele vos falou, quando ainda estava na Galileia: 'É necessário o Filho do Homem ser entregue nas mãos dos pecadores, ser crucificado e, no terceiro dia, ressuscitar'. Então as mulheres se lembraram das palavras de Jesus. Voltando do túmulo, anunciaram tudo isso aos Onze e a todos os outros" (Lc 24,5b-9).

REFLEXÃO

LEITOR 2: Se a sexta-feira foi o dia da escuridão, do ódio, do medo e do vazio, domingo foi o dia da luz, do amor, da liberdade e da Páscoa da Ressurreição. A vida venceu a morte, a alegria ultrapassou os sofrimentos. Os clarões da aurora anunciaram "um novo céu e uma nova terra". A madrugada da Ressurreição afugentou a tristeza, as lágrimas e as incertezas. A verdade anunciada é esta: Jesus está vivo! Cristo ressuscitou. Aleluia!

Oração

Todos: Senhor Jesus, que vossa cruz nos inspire mais humildade, justiça e solidariedade para com nossos irmãos, especialmente para com os mais necessitados. Que nossa caridade ultrapasse os limites de nossa casa, e que abramos as portas para acolher a todas as pessoas sem distinção de classe social, raça, religião e idade. Amém.

Pai nosso que estais no céu...

Canto

Outra vez desfalecido,
pelas dores, abatido,
cai em terra o Salvador,
cai em terra o Salvador!

Pela Virgem dolorosa,
vossa Mãe tão piedosa,
perdoai-me, bom Jesus!
Perdoai-me, bom Jesus!

Oitava estação

JESUS ENCONTRA AS MULHERES DE JERUSALÉM

DIRIGENTE: Nós vos adoramos, Senhor Jesus Cristo, e vos bendizemos.

TODOS: Porque pela vossa santa cruz remistes o mundo.

LEITOR 1: "Seguia-o uma grande multidão do povo, bem como de mulheres que batiam no peito e choravam por ele. Jesus, porém, voltou-se para elas e disse: 'Mulheres de Jerusalém, não choreis por mim! Chorai por vós mesmas e por vossos filhos!'" (Lc 23,27-28).

REFLEXÃO

LEITOR 2: As mulheres e mães de Jerusalém tentaram, com suas lágrimas, consolar Jesus. São mães que se comovem diante dos sofrimentos de um filho. Elas retratam muito bem a atitude e os sentimentos de toda mãe que vê seu filho sofrer. Choram lágrimas de compaixão, amor e vida. Querem, com suas lágrimas, dizer-lhe muitas coisas: toda a ternura que lhes vai no coração, toda vontade de vê-lo feliz e vitorioso. São preciosas as lágrimas das mães. E Jesus as

acolhe e lhes dá seu verdadeiro sentido. Que nossas lágrimas sejam verdadeiras e salutares!

Oração

Todos: Senhor Jesus, aceitai as lágrimas de arrependimento pelos nossos pecados e omissões. Por vossos sofrimentos, consolai as mães dos filhos crucificados pela nossa sociedade injusta, pelas drogas, pela violência, pela prisão, pela doença e pelo desemprego. Tornai-nos solidários com todos os que choram e sofrem ao nosso redor. Fazei-nos capazes de partilhar, com nossos irmãos e irmãs necessitados, os bens, o consolo e a paz. Amém.

Pai nosso que estais no céu...

Canto

Das mulheres que choravam,
que fiéis o acompanhavam,
é Jesus consolador,
é Jesus consolador!

Pela Virgem dolorosa,
vossa Mãe tão piedosa,
perdoai-me, bom Jesus!
Perdoai-me, bom Jesus!

Nona estação

JESUS CAI PELA TERCEIRA VEZ

DIRIGENTE: Nós vos adoramos, Senhor Jesus Cristo, e vos bendizemos.

TODOS: Porque pela vossa santa cruz remistes o mundo.

LEITOR 1: "Oprimido, ele se rebaixou, nem abriu a boca! Como cordeiro levado ao matadouro ou ovelha diante do tosquiador, ele ficou calado, sem abrir a boca. Sem ordem de prisão e sem sentença, foi detido, e quem se preocupou com a vida dele? Foi arrancado da terra dos vivos, ferido de morte pelas rebeldias do meu povo" (Is 53,7-8).

REFLEXÃO

LEITOR 2: A cruz estava muito pesada, nossos pecados eram como chumbo nas costas de Jesus e ele estava enfraquecido pelos sofrimentos. Caiu, então, pela terceira vez: uma queda profunda e atroz. Desta vez ele não encontrou o olhar de sua mãe, nem o consolo das mulheres, nem a delicadeza de Verônica, nem a ajuda do Cireneu. Restou-lhe continuar até o Calvário, onde deveria completar sua entrega realizando suas palavras: "Ninguém tem amor maior do que aquele que dá a vida por seus amigos" (Jo 15,13).

Oração

Todos: Ó Deus, a cruz pesada de Jesus é o sinal de nossos pecados, mas é também o sinal do amor de Jesus pela humanidade e do amor que ele colocou em nosso coração, para que sejamos humildes em nossas quedas e compreensivos nas quedas de nossos irmãos. Que saibamos nos levantar de nossos erros e também ajudar os outros a se levantarem de seus sofrimentos, fracassos e perdas e, assim juntos, avançarmos na caminhada, como filhos do mesmo Pai que sempre nos perdoa e que enviou seu Filho amado para nos remir. Amém.

Pai nosso que estais no céu...

Canto

Cai terceira vez prostrado,
pelo peso redobrado,
dos pecados e da cruz,
dos pecados e da cruz.

Pela Virgem dolorosa,
vossa Mãe tão piedosa,
perdoai-me, bom Jesus!
Perdoai-me, bom Jesus!

Décima estação

JESUS É DESPIDO DE SUAS VESTES

Dirigente: Nós vos adoramos, Senhor Jesus Cristo, e vos bendizemos.

Todos: Porque pela vossa santa cruz remistes o mundo.

Leitor 1: "Depois que crucificaram Jesus, os soldados pegaram suas vestes e as dividiram em quatro partes, uma para cada soldado. A túnica era feita sem costura, uma peça só de cima em baixo. Eles combinaram: 'Não vamos rasgar a túnica. Vamos tirar a sorte para ver de quem será'. Assim cumpriu-se a Escritura: 'Repartiram entre si as minhas vestes e tiraram a sorte sobre a minha túnica'. Foi isso que os soldados fizeram" (Jo 19,23-24).

REFLEXÃO

Leitor 2: Jesus chegou, finalmente, ao monte Calvário. É o lugar da suprema oferta, o altar do sacrifício. Com violência, os soldados arrancaram as vestes de Jesus, causando novas dores naquele corpo ferido e chagado. A nudez de Jesus nos faz entender que sua entrega é total e absoluta. Ele entregou tudo: forças, vitalidade, palavras, seu corpo, suas vestes, sua vida. Contemplamos em Jesus os pobres,

maltrapilhos, torturados e destruídos pela falta de partilha e justiça.

Oração

Todos: Senhor Jesus, pelas vossas dores, concedei que saibamos socorrer nossos irmãos necessitados de roupas, alimentos, abrigo, consolo, respeito e amor. Fortalecei nossa vontade para que saibamos fazer o bem a todos, superando todo rancor e ressentimento. Fazei-nos entregar totalmente nossas forças na observância dos mandamentos de Deus e no cumprimento exato e honesto de nossos deveres de cidadãos e de cristãos. Amém.

Pai nosso que estais no céu...

Canto

Dos vestidos despojado,
por verdugos maltratado,
eu vos vejo, meu Jesus,
eu vos vejo, meu Jesus!

Pela Virgem dolorosa,
vossa Mãe tão piedosa,
perdoai-me, bom Jesus!
Perdoai-me, bom Jesus!

Décima primeira estação

JESUS É PREGADO NA CRUZ

Dirigente: Nós vos adoramos, Senhor Jesus Cristo, e vos bendizemos.

Todos: Porque pela vossa santa cruz remistes o mundo.

Leitor 1: "Quando chegaram ao lugar chamado Calvário, ali crucificaram Jesus e os malfeitores: um à sua direita e outro à sua esquerda. Jesus dizia: 'Pai, perdoa-lhes! Eles não sabem o que fazem!'" (Lc 23,33-34).

REFLEXÃO

Leitor 2: Jesus foi estendido e pregado numa cruz. Os pregos perfuraram-lhe os pulsos e pés. Daquela cruz pendia o autor da vida, "aquele que veio para que todos tivessem vida e a tivessem em abundância" (cf. Jo 10,10). "[...] e quando eu for elevado da terra, atrairei todos a mim" (Jo 12,32). Os olhos de todos se voltaram para aquele crucificado; daquela cruz veio a salvação, o perdão, a vida nova para todos. O Reino de Amor estava implantado sobre a terra.

Oração

Todos: Senhor, nosso Pai, unidos aos mártires de todos os tempos e lugares, proclamamos a vitória de Jesus Ressuscitado. Nós vos agradecemos pela salvação que nos concedestes pela Paixão e Ressurreição de vosso Filho. Concedei-nos a graça de sabermos viver "como crucificados com ele, para merecermos ser ressuscitados também com ele", nosso Mestre e Salvador. Concedei-nos a graça de sermos como Maria Madalena e as piedosas mulheres, anunciadores da alegria da Ressurreição de Jesus a todos os nossos irmãos. Amém.

Pai nosso que estais no céu...

Canto

Meu Jesus, por vossos passos,
recebei em vossos braços,
a mim, pobre pecador,
a mim, pobre pecador.

Pela Virgem dolorosa,
vossa Mãe tão piedosa,
perdoai-me, bom Jesus!
Perdoai-me, bom Jesus!

AS SETE PALAVRAS
DE CRISTO NA CRUZ

- "Pai, perdoa-lhes! Eles não sabem o que fazem!" (Lc 23,34).

  Perdoai-nos! Perdoai-nos, Senhor! Pois vós sois um Deus que é Pai bondoso e misericordioso.

- "Hoje estarás comigo no Paraíso" (Lc 23,43).

  Senhor Jesus, rico em amor e misericórdia, acolhei-nos em vosso coração, que é a "casa de Deus e a porta do Céu"!

- "Eis o teu filho! Eis a tua mãe!" (Jo 19,26-27).

  Maria, na cruz, Jesus nos entregou a vós como vossos filhos. Recebei-nos em vossos braços e acolhei-nos sob vossa proteção, pois precisamos de uma mãe, de um lar e de uma família!

- "Meu Deus, meu Deus, por que me abandonaste?" (Mt 27,46).

  Senhor, nas horas de sofrimento, dor, angústia e desespero, fazei-nos sentir a vossa presença viva e forte de Pai.

- "Tenho sede!" (Jo 19,28).

  Senhor, também nós temos sede da água viva e pura que sois vós. Saciai o nosso anseio de estarmos sempre unidos a vós, que sois nossa vida e nossa paz.

- "Está consumado" (Jo 19,30).

  Senhor, ajudai-nos na caminhada até vós. Ainda nos falta muito para sermos "perfeitos como o Pai que está nos céus".

- "Pai, em tuas mãos entrego o meu espírito" (Lc 23,46).

  Senhor, acolhei-nos na vossa paz e na alegria de sermos recebidos no convívio da Trindade Santa: Pai, Filho e Espírito Santo!

A JESUS CRUCIFICADO

Nós vos bendizemos, ó Jesus Bom Pastor,
que morrestes por nós.

Com vossa morte, deste-nos gratuitamente
a vida de redimidos.

Vós mesmo dissestes: "Eu vim para que tenham vida,
e vida em abundância" (cf. Jo 10,10).

Através dos sacramentos,
nós recebemos dessa abundância
que nos é infundida no batismo,
confirmada na crisma, restituída na confissão
e alimentada na eucaristia.

Vivei, ó Jesus, em todos nós,
infundindo os dons do Espírito Santo.

Nós vos suplicamos pela Igreja,
para que ela seja enriquecida de muitas vidas santas.

Nós nos colocamos ao serviço do vosso amor,
entregue na cruz,
para que toda a humanidade receba
e viva a mensagem do seu Evangelho.

(Bv. Tiago Alberione)

MEDITAÇÃO DE JOÃO PAULO II

A Via-Sacra é um caminho de fé.
Em Jesus condenado à morte,
reconhecemos o Juiz universal do mundo;
nele carregando a cruz, vemos o Salvador do mundo;
nele crucificado, vemos o Senhor da história,
o próprio Filho de Deus.

Nesta Sexta-feira Santa,
estamos reunidos em nome do Senhor.
Ele está aqui conosco,
como prometeu no Evangelho (cf. Mt 18,20).

Conosco está também a Virgem Santa Maria.
Ela esteve no cimo do Gólgota
como mãe do Filho moribundo,
discípula do Mestre da verdade.

Nova Eva junto da árvore da vida,
mulher da dor,
associada ao "homem das dores
experimentado nos sofrimentos" (Is 53,3).
Filha de Adão, Irmã nossa, Rainha da Paz.

Mãe de misericórdia,
ela se inclina sobre os seus filhos,
ainda expostos a perigos e aflições,
para ver os seus sofrimentos,
ouvir o gemido que se eleva da sua miséria,
para levar conforto e reavivar a esperança da paz.

(Sexta-feira Santa de 2003)

ORAÇÃO

Alma de Cristo, santificai-me.

Corpo de Cristo, salvai-me.

Sangue de Cristo, inebriai-me.

Água do lado de Cristo, purificai-me.

Paixão de Cristo, confortai-me.

Ó bom Jesus, ouvi-me.

Dentro de vossas chagas, escondei-me.

Não permitais que eu me separe de vós.

Do inimigo maligno, defendei-me.

Na hora de minha morte,

chamai-me e mandai-me ir para vós,

para que eu, com vossos santos,

vos louve por todos os séculos dos séculos.

Amém.

(Oração atribuída a Santo Tomás de Aquino)

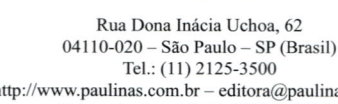

Rua Dona Inácia Uchoa, 62
04110-020 – São Paulo – SP (Brasil)
Tel.: (11) 2125-3500
http://www.paulinas.com.br – editora@paulinas.com.br
Telemarketing e SAC: 0800-7010081